Die Frauenkirche zu Dresden

Ein literarischer Streifzug durch 200 Jahre wechselvoller Geschichte

Herausgegeben von Frank Fröhlich

Impressum:

Idee & Herausgeber: Frank Fröhlich
Redaktion: Frank Fröhlich, Verena Weiss
Einband: Kathrin Augustin
Layout: Anja Peukert, Michael Kaden
Druck: Druckerei Thieme GmbH & Co. KG, Meißen

Saarstraße 5
01189 Dresden
Fon & Fax: 0351 3114539
www.goldmund-hoerbuecher.de
ISBN 3-9810375-0-2
mit Hörbuch:
ISBN 3-9810375-2-9

Inhalt

Zwischen 1726 und 1743 auf heiligem Ort errichtet, erlebte die Dresdner Frauenkirche glanzvolle und düstere Tage. Als in der Nacht vom 13. zum 14. Februar alliierte Fliegerverbände Dresden in Schutt und Asche legten, läutete auch für dieses Kleinod der Weltkultur die Totenglocke. Über fünfzig Jahre eine Ruine, ragt sie heute wieder in den Himmel und dominiert die Stadtsilhouette. Mit Spenden aus allen Erdteilen gilt dieser Wiederaufbau weltweit als einzigartig. Diese faszinierende Auferstehung ist für viele auch ein Stück Erfüllung ihrer Sehnsucht nach dem alten Dresden. Mit diesem Buch erleben Sie einen literarischen Streifzug durch die wechselvolle Geschichte der Frauenkirche. Viele berühmte Schriftsteller, Musiker, Maler und Architekten hielten ihre Eindrücke und Erlebnisse rund um die Frauenkirche in Romanen, Gedichten, Tagebüchern, Briefen und Reisebeschreibungen fest. In einer aufwendigen Recherchearbeit in Archiven und Bibliotheken wurde hier erstmals eine Collage literarischer Zeitzeugen zur Frauenkirche zusammengetragen.
Diesen Texten wurden Gemälde, Grafiken und Fotos gegenübergestellt.

Herzlichen Dank an die Philologin Verena Weiss und die Kunsthistorikerin Anja Peukert für die umfangreiche Unterstützung bei den Recherchearbeiten.

Frank Fröhlich - Herausgeber
Dresden, Juli 2005

Theodor Körner *(1791 - 1813)*

„Folge mir jetzt in mein Tal. - In langen silbernen Kreisen
wälzt die Elbe den Strom weit aus Bohemien her.
Siehst du die Riesen dort am Eingang? Im Nebel der Lüfte
heben sie drohend das Haupt über die blühende Flur.
Fest geschlossen erblickst du das Tal. Es hat nur der Strom sich
kühn durch die Mauer gewühlt, die ihm entgegen sich türmt.
Aber friedlicher ziehn sich die sanftern Gehänge des Tales,
reich mit Dörfern besät, dort an den Felsen herab;
Einzelne Villen erblickst du, es gleiten zierliche Gondeln,
bunt mit Wimpeln geschmückt, über den ruhigen Strom.
Pirna liegt dir zur Linken, das muntre, lebendige Städtchen,
und der Sonnenstein prangt hell noch im Scheiden des Tags.
Aber sieh gegenüber! - Erkennst du die heitern Gebäude
nah an der Elbe Strand? - Pillnitz, so nennt sich der Ort.
Freundlich hat sich der König den freundlichen Garten erzogen,
und von dem Borsberg herab schweift in die Ferne der Blick.
Aber nun folge mir weiter hinab an den blühenden Ufern,
durch Weingärten dahin, längs an den Villen vorbei.
Näher und immer näher erscheinen die Türme der Hauptstadt,
viere zählst du, es hebt sich stolz die Kuppel empor.“

Gottfried Weinart (1751 - 1795)

Der Chronist berichtete über die Grundsteinlegung am 26. August 1726:

„Die ganze Stadt war vergnügt, ein Fest zu feiern, das sie in vielen hundert Jahren nicht begangen hatte. Früh nach sechs Uhr zogen hundert Mann von der Bürgschaft vom Altmarkt auf den Frauenkirchhof, um Parade und einen Kreis um den gegrabenen Grund zu machen. Den Grundstein hatte der Steinmetzmeister Daniel Ebhardt vorbereitet, die Kelle, die auf einem silbernen Tablett lag, überreichte der Maurermeister Johann Gottfried Fehre dem Bürgermeister Schwarzbach, der sie an den Oberkonsistorialpräsidenten von Leipziger weitergab."

Hilfft der getreue Gott sein Hauß selbst mit erbauen
So muß auff Israel ein Seegens Nectar thauen.

Als
Am 26. August. An. 1726.
Der

Grund-Stein
Zu dem neuen Bau
Der
Frauen-Kirche in Dreßden
geleget ward,
Hat aus Jes. XXVIII, 16.
Das Göttliche Glückzu!
In einer
Predigt
vorgestellt
Valentin Ernst Löscher, *D.*
Des Ober-Consistorii ältestes Mit-Glied und Superintend.

DRESDEN, druckts Johann Christoph Krause,
Zufinden bey Christian Robring, 1726.

Franz Koppel Ellfeld *(1840 - 1920)*

1888
Elbflorenz vor 100 Jahren

„Dresden ist eine Berühmtheit unter den Städten, links der Elbe erhob sich die wunderbare Kuppel der Frauenkirche und der Zwinger wuchs wie ein Märchen aus dem Boden.
Ja, die Brühlsche Terrasse selbst rechtfertigt den Weltruf, den sie hat, höchstens als origineller Aussichtspunkt auf Stadt und Land; Gebäude, ihrer würdig und von monumentaler Schönheit, sind unter Lipsius‘ Leitung dermalen erst im Bau begriffen, und das weltbekannte Belvedere, das Rendezvous für alle Welt aus aller Welt, nimmt sich zwar ganz einzig aus, wenn es bei Nacht im Glanz seiner pompösen Beleuchtung weit in das Elbtal hinausstrahlt und überdies noch die vom Vollmond beleuchtete Kuppel der Frauenkirche zum Hintergrund hat.“

George Bähr *(1666 - 1738)*

Vermächtnis
Inschrift auf dem Grab von George Bähr

„Nun hab ich genug gelebt, gebaut, gelitten,
Mit Satan, Sünd und Welt genug gestritten.
Jetzt lieg ich in dem Bau, der droben prangt,
Hab vollen Sieg und Ruh und Fried erlangt.
Nehmt, Liebste, Gott zum Mann und Vater an,
In dessen Treu niemand verderben kann."

darauf judiciren lassen wolte.
Sig. Dreßden den 23. Martij. 1729.
Matthes Ulrich [illegible]
Johann [illegible] Fehre
Maurer Meister
George Bähr
Zimmer Meister

Johann Wolfgang von Goethe *(1749 - 1832)*

Aus meinem Leben. Dichtung und Wahrheit.
(1768)

Als Johann Wolfgang von Goethe im März 1768 seinen in „Dichtung und Wahrheit“ geschilderten zwölftägigen Ausflug nach Dresden unternahm, waren die Wunden des Siebenjährigen Krieges noch längst nicht verheilt.

„Die köstlichen Erfahrungen wurden jedoch durch einen der traurigsten Anblicke unterbrochen und gedämpft, durch den zerstörten und verödeten Zustand so mancher Straße Dresdens, durch die ich meinen Weg nahm. Von der Kuppel der Frauenkirche sah ich diese leidigen Trümmer zwischen die schöne städtische Ordnung hineingesät; da rühmte mir der Küster die Kunst des Baumeisters, welcher Kirche und Kuppel auf einen so unerwünschten Fall schon eingerichtet und bombenfest erbaut hatte.“

Königl: und Churfürstl: Residenzstadt Dresden
vom 13. bis zum 29. Juli 1760.
Oesterr. Kaiserin Therese
König v. Polen u. Churfürst Friedrich August der II
Preuss. König Friedrich II.
ELBE-STROM
1. Die Kreuz Kirche.
2. Die Frauen Kirche.
3. Die Sophien Kirche
4. Die Katholische Kirche
5. Das Schloss mit dem Thurme
6. Das altstädter Rathhaus.
7. Das Pirnaische Thor
8. Die Böhmische Kirche
9. Das Waisenhaus u. Kirche
10. Die St. Anna Kirche u. Wilsche Vorstadt durch die Preussen angezündet.
11. Friedrichstadt.
12. Brücke. 13. Neustädter Rathhaus
14. Die Kirche 15. Cadettenhaus
16. Die Casernen 17. Das weisse Thor.
18. Schwarze Thor 19. Bautzner Str. 5 Linden.
20. Leibnitz des Königs Hauptquartier.
21. Die preussische Armee.
22. Bomben Batterie nach der Kreuzkirche
23. Bomben Batterie nach der Frauenkirche
24. Die brennende Vorstadt an der Elbe.
25. Batterie vor Neustadt hinter den Scheunen, welche das Japanische Palais
26. und viele Häuser ruinirte.
General Daun
General Schmettau

Ossip Kalenter (1900 - 1976)

Im heiteren Tale der Harmonie

„[...] du mögest dich durch die Schloßstraße, in welcher du durchaus deinen Nachdenklichkeiten überlassen bleiben sollst, nach dem Theaterplatz begeben, und dort öffne die Augen so groß du kannst, laß dich von Licht umschäumen und siehe, sieh! Eine Symphonie von Lieblichkeit ist um dich her: die Hofkirche im Allegro, die Gemäldegalerie in venezianischem Andante, das Schloß eine Sarabande in deutscher, das Opernhaus ein Moderato in italienischer Renaissance.
Und wenn deine Augen noch nicht müde sind des Glanzes, komm zur Kirche ‚Unser Lieben Frauen'! Die ist wie eine Mutter sanft über die Stadt gewölbt, zierlich zu sehen, wie Canaletto sie zeichnete, und groß und gewaltig, wenn sie im Donner ihres Geläutes die kleinen bunten Menschen zum silbernen Gott ruft."

Charles Burney *(1726 - 1814)*

In der Frauenkirche 1772

„Sonntag, den 20. September 1772.
Heute früh ging ich in die lutherische Frauenkirche, welche an einem großen Marktplatze liegt. Es ist ein sehr edles und feines Gebäude von Quadersteinen und hat eine hohe Kuppel in der Mitte. Vor dem Altartische ist eine Erhöhung, über welche man eine prächtige Orgel erbauet hat. Dies ist das einzige mir bekannte Exempel einer an der Ostseite der Kirche gelegenen Orgel. Alle, die ich gesehen habe, lagen am Ende des Chors westlich oder auf einer Seite.
Allein da die Leute hierzulande musikalischer sind als bei uns und von Jugend auf gewöhnt werden, den größten Teil des Kirchengesanges selbst zu singen, so hielten sie besser Ton und machten einen der größten Chöre, die ich je gehört habe.
Das Gebäude ist sehr hoch und geräumig, zwischen den Pfeilern sind vier Emporkirchen von schöner Form übereinander; die Sitze an der Erde gehen im Kreise herum, alle haben das Gesicht nach dem Altare zu. Überhaupt war dies eine der andächtigsten, ehrwürdigsten Gemeinden, die ich gesehen habe.
Die Bomben konnten in der preußischen Belagerung dieser Kirche nichts anhaben, weil sie von der kugelförmigen Kuppel alle herabrollten, so viel auch darauf gerichtet wurden.“

Caroline (1763 - 1809) und August Wilhelm Schlegel (1772 - 1829)

Gespräch

„Hier dächte ich, ließen wir uns nieder: Wir können keinen bequemeren und anmutigeren Sitz finden. Vor uns der ruhige Fluß; jenseits erhebt sich hinter dem grünen Ufer die Ebne in leisen Wellen, dort unten spiegelt sich die Stadt mit der Kuppel der Frauenkirche im Wasser, oberhalb ziehn sich Rebenhügel dicht an der Krümmung hin, mit Landhäusern besäet und oben mit Nadelholz bedeckt."

Karl Friedrich Schinkel *(1781 - 1841)*

Tagebuch Mai 1803

„Stadt. Große Elbbrücke von schöner Konstruktion in einer vortrefflichen Gegend, sie ist die einzige Kommunikation der Alt- und Neustadt, daher voller Leben. Man überschaut hier die beiden Teile der Stadt, den Dom mit seiner schönen Kuppel, die mit erstaunlicher Pracht in einem schlecht französischen Geschmack aufgeführte Katholische Kirche, den ganzen Lauf des Stroms zu beiden Seiten bis zu den Gebirgen, die rundumher die Aussicht beschließen.“

Ernst Scherzlieb (1796 - 1863)

„Auch die Frauenkirche besuchten wir. Ich weiß nicht mehr, von welcher italienischen Kirche dies Bauwerk eine Nachahmung sein soll. Nachahmungen sind nicht meine Vorliebe, und ich lobe mir für unsern Himmel und unsern Glauben die gotischen Kirchen. Man macht viel Rühmens von diesem Bau, George Bähr soll 300 000 Taler darin verbaut haben - ich finde sie weder antik noch modern, und im Mailändischen sieht man solche Kirchen in vielen Dörfern."

Karl Christian Friedrich Krause *(1781 - 1832)*

Reisebrief

„In meiner vorigen Logis konnte ich die Frauenkirche sehr schön übersehen. Diese ist in mehreren Hinsichten das merkwürdigste Gebäude in Dresden: Sie ist im Innern rund, sehr hoch und weit und hat eine Kuppel (in die man von unten frei bis hinauf in die Turmspitze sieht), die nach der Peterskirche gebaut ist und einen Vorgeschmack der Schönheit der letzteren gibt; auch hat diese Kirche eine Silbermannsche Orgel; nichtsdestoweniger ist sie jetzt schlecht besucht, weil keine Hauptpredigten in ihr gehalten werden.“

Daniel Chodowiecki *(1726 - 1801)*

Spaziergang mit Adrian Zingg und Anton Graff
28. Oktober 1773

„Um 6 Uhr stand ich auf, ließ einen Barbier kommen, dem ich 2 gute Groschen gab, und trank Kaffee.
½ 9 Uhr ging ich ins Palais der Gräfin Cosel, um die Frau des Kutschers aufzusuchen, die ich aber nicht gefunden habe. Bevor ich in das Coselsche Palais ging, trat ich in die Frauenkirche ein, die ganz nahe dabei steht, ich habe aber nichts gesehen, was meine Aufmerksamkeit erregt hätte.“

Hermann Meynert (1808 - 1895)

Konditoreien und Kaffeehäuser 1833

Unter dem Pseudonym ‚Janus' schrieb Meynert ein ‚Charaktergemälde von Dresden grau in grau', in dem er sich über die Kaffeesachsen an der Elbe wunderte.

„Ich habe mich schon oft gewundert und kann es noch in diesem Augenblicke nicht begreifen, wie in Dresden sich eine solche Unzahl von Konditoreien zu erhalten vermag. Diese bestehen hier wirklich in einem fabelhaften Überflusse, und selbst in den ersten Lebe- und Luxusstädten habe ich, im Verhältnisse, kaum die Hälfte derselben vorgefunden.
Nebenher aber existieren noch eine Unzahl von Kuchenbäckern, die zum großen Teile einen sehr bedeutenden Absatz haben, und unter denen besonders Schmidt in der Frauengasse und Kaiser an der Frauenkirche sich des meisten Absatzes zu erfreuen haben dürfen."

Caspar David Friedrich *(1774 - 1840)*

„Dunkelheit decket die Erde
Ungewiß ist aller Wissen doch nur,
Es leuchtet im Abend der Himmel,
Klarheit strahlt von oben.
Sinnet und grübelt wie ihr auch wollt,
Geheimnis bleibet euch ewig der Tod,
Aber Glaube und Liebe sieht
Freude und Licht jenseits dem Grabe."

Carl Gustav Carus *(1789 - 1869)*

„Abends im Mondenschein gegen die Frauenkirche hin gehend, gewährte das Duftige des Mondes herrlichen Anblick. Ich sah den Mond selbst nicht, einzelne Wolken schwammen im dunklen Himmel, die Häuserseite zur Linken war im Schatten - Rechts waren die Häuser unbeschienen, die Dächer gaben lange Schlagschatten. Gewaltig hob sich nun die Kuppel der Frauenkirche ganz duftig in die Luft.“

Carl Gustav Carus *(1789 - 1869)*

Aus seinem Tagebuch
Dresden, 20. Dezember 1814

„Der Himmel war gleichförmig grau, kleinflockiger Schnee trieb der Nordwind über die glatte Terrasse, die Elbe verlor sich aufwärts und abwärts in Nebelgrau, die gewaltige Kuppel der Frauenkirche ragte als dunkler Schatten über die niedrigen Häuser, und die Brücke erschien wie ein Trauerband, über den schönen Strom gelegt, als Zeichen seiner baldigen Erstarrung. Das Wunderlichste aber war die Vorbereitung zu dieser Erstarrung selbst: Es war der Fluß nämlich bedeckt mit tausend langsam forttreibenden weißen Inseln, welche im langsamen Fortbewegen fortwährend zusammenstießen und seltsam auseinanderklirrten. Es war höchst anziehend zu sehen, wie aus dem Nebel die Schollen hervorschwammen, näher kamen, mit dem eigenen monotonen Geräusch vorbeizogen und endlich hinter dem dunklen Bande der Brücke verschwanden. Es war mir, als blickte ich auf den Strom der Zeiten, sähe unzählige Geschlechter aus dunklen Quellen hervortreten, vorüberrauschen und schwinden. Ich dachte an vieles dabei."

Otto Rühle von Lilienstein *(1780 - 1847)*

„Einstweilen indessen zählt die Frauenkirche, welche unstreitig das schönste Gebäude in Dresden ist, doch auch mit, und ich kann sie nie ansehen ohne eine stille Bewunderung. Es soll oben eine vortreffliche Aussicht sein; ich denke nur, daß sie zu hoch ist. Der größte Reiz der Landschaft geht verloren, wenn durch den zu erhöhten Standpunkt alles flach und landkartenähnlich wird. Man sieht den Menschen auf die Köpfe, den Häusern auf die Dächer. Es ist mir bei solcher Gelegenheit immer, als sollte ich wieder auf den Brocken steigen, und was Ihr auch sagen mögt: Ich will lieber zu ihm hinaufsehen, als von ihm herunter.“

Carl von Voß (1778 - 1856)

Relativierender Blick von oben

„Um zehn Uhr vormittags besichtigten wir die Frauenkirche und erstaunten nicht wenig über ihren imposanten Anblick. Sie ist nicht wie andere Kirchen mit einem Längs- und Querschiff in Kreuzesform gebaut, sondern bildet ein ungeheures Rund, in dessen Inneren alle Bänke in Zirkellinien dem Hochaltar zugekehrt sind, welcher sich an der Seite befindet. Mehrere Galerien laufen in schwindelnder Höhe übereinander, ebenfalls zirkelförmig an den Wänden entlang; das Licht fällt durch die Kuppel in die Kirche hinab, und die oberste Öffnung, durch welche man in das gewaltige Gebäude hinabsehen kann, und welche bei feierlichen Gelegenheiten erleuchtet wird, befindet sich in einer Höhe von fast 400 Fuß. Von dem obersten Punkte der Kuppel sahen wir auf die unter uns ausgebreitete Stadt und das Gewühl der Menschen hinab, die wie Ameisen durcheinander liefen und auch nicht viel größer erschienen."

Carl Justi *(1832 - 1912)*

„Der Dresdner Baumeister George Bähr war bloß durch die Praxis, geführt von einem architektonischen Instinkt, auf die Wege einer organischen Baukunst gekommen.
Die Aufgabe, die er die Kühnheit hatte sich zu stellen, war ein Zentral- und Kuppelbau, also die höchste Aufgabe seiner Kunst. Bei der Frauenkirche war diese Form angezeigt durch ihre Bestimmtheit als protestantische Predigtkirche.
Ihre Silhouette ist der gefälligste und bedeutendste Punkt in dem Bilde der Stadt, dessen Krone sie ist. Hier war also einmal das Ziel der Baukunst: Schönheit aus Wahrheit getroffen."

Ludwig Bechstein *(1801 - 1860)*

1844 Fernsicht

„Südwärts umziehen die Gipfel des Erzgebirges den Horizont. Ein sanft gehügeltes Terrain tritt näher heran und bezeichnet die Richtung des Plauenschen Grundes, der wie ein verborgenes Naturgeheimnis seine Schönheiten dem Blicke verschließt. Dann schweift in westlicher Richtung der Blick wieder über mannigfache Gelände und grüßt die stolze Albrechtsburg und den Meißener Dom. Sanft und malerisch windet sich die Riesenschlange des Stroms durch das beträchtliche Elbtal, das an seinen rechten Ufern mit zahlreichen Winzerhäusern geziert ist. Nordwärts über die Neustadt hinweg wird immer mannigfacher die Fernsicht, liebliche Villen grüßen herüber, und es gestaltet sich hier ein so reizendes Totalbild vor dem Auge des Beschauers, daß er, war er noch nicht in Italien, sich gern einredet, so etwa müssen auch von dem Campanile zu Florenz die Arnoufer sich darstellen. Nun tauchen in duftig schöner Ferne südöstlich die Bergkegel mit breiten Scheiteln auf, Königstein und Lilienstein. Kehrt nun der Blick in die freundliche Nähe zurück, so liegt unten alles wie ein buntes Tableau; Stadt und Vorstädte; Schloß und Paläste, Straßen und Alleen und die zahlreichen gut gepflegten Gärten und rings verstreuten Landhäuser. Wen irgend eine günstige Stunde mit heiterem Geiste und heiterem Wetter auf dieser Höhe beglückte, wird die Fernsicht von der Frauenkirche nicht vergessen."

August Röckel *(1814 - 1876)*

In der Frauenkirche (Zum Maiaufstand 1849 in Dresden)

„In der Kirche hatten Preußen die Wache. Der erhöhte Chor vor dem Altar bildete die Wachstube; die Gefangenen mußten sich in die Kirchenstühle setzen und den Sitz neben sich in die Höhe klappen, um voneinander getrennt zu sein.

Man verstand es, uns diesen 24-stündigen Aufenthalt in der Kirche zu einer Hölle zu machen, deren Erinnerung wohl bis heute noch in keinem erblaßt sein dürfte. Zu der körperlichen Pein, in leichter Kleidung und dem kalten Zugwind durch die zerbrochenen Fenster preisgegeben. Tag und Nacht unbeweglich auf dem harten Brett zu sitzen, gesellte sich die noch unbeschreiblich größere all der Auftritte, deren stummer Zeuge man sein mußte. Die Kirche schien als eine Art Ausstellungslokal zu gelten und wurde den ganzen Tag über von Militär aller Grade besucht, von denen die Bescheidensten nur sich an dem bloßen Anblick der Gefangenen genügen ließen. Namentlich waren es sächsische Soldaten, die sich hier ergingen und ihren noch nicht ganz erschöpften brutalen Übermut vollends an den Mann zu bringen suchten. Wehe den Armen, die ihren Platz am Ende einer Bank gefunden hatten! Kein Trupp Besucher durchwanderte die Gänge, ohne nach rechts und links Beschimpfungen und Faustschläge aufs reichlichste auszuteilen."

Erich Kästner *(1899 - 1974)*

Dresden war eine wunderbare Stadt

„Als ich ein kleiner Junge war und mein Vater mit mir zum Waldschlößchen spazierte, weil es dort ein Kasperletheater gab, das ich innig liebte, machte er plötzlich halt und sagte: »Hier stand früher ein Gasthaus. Das hatte einen seltsamen Namen. Es hieß »Zur stillen Musik«! Ich blickte ihn verwundert an. »Zur stillen Musik«? Das war wirklich und wahrhaftig ein seltsamer Name! Er klang so merkwürdig und so heiter verwunschen, daß ich ihn nicht mehr vergessen konnte. Ich dachte damals: »Entweder macht man in einem Gasthaus Musik, oder es ist still. Aber eine stille Musik, die gibt es nicht.«
Wenn ich später an der gleichen Stelle stehen blieb und auf die Stadt hinabschaute, zum Wilisch und zur Babisnauer Pappel hinüber und elbaufwärts bis zur Festung Königstein, dann verstand ich von Jahr zu Jahr den Gastwirt, der ja längst tot und dessen Gasthaus längst verschwunden war, immer besser. Ein Philosoph, das wußte ich damals schon, hatte die Architektur, die Dome und Paläste, »gefrorene Musik« genannt. Dieser sächsische Philosoph war eigentlich ein Dichter. Und ein Gastwirt hatte, auf den silbernen Fluß und das goldene Dresden blickend, sein Gasthaus »Zur stillen Musik« getauft.“

Rudolf Alexander Schröder *(1878 - 1962)*

Gruß an Dresden

„Ich sah dich oft im Lenzen,
hab öfters noch dein gedacht,
Stadt, unter Blumenkränzen
Von schimmernden Hügeln bewacht.

Viel blankes Getürm und Gebäude
Beschaut sich im silbernen Fluß.
Wer sich erblickt, hat Freude,
Trauer, wer scheiden muß.

Wer scheidet, fühlt sich betrogen,
möcht immer noch stehn und schaun
der Brücke steinernen Bogen,
die Kuppel unserer Frau'n.

Und den Strom und sein lachendes Leben
im Morgen- und Abendlicht.
Mag's größere Städte geben:
Schönere weiß ich nicht."

Paul Schumann *(k.A.)*

Gang durch Dresden - Altstadt 1921

Professor Paul Schumann war in den zwanziger Jahren maßgebender Mitherausgeber der Dresdner Jahrbücher. Nach dem Sturz der Monarchie begannen die Dresdner Jahrbücher die Stellung der Stadt als einen Mittelpunkt deutscher Kultur neu zu bestätigen.

„Seit anderthalb Jahrhunderten geht der Ruhm von Dresdens Schönheit durch die Welt. Immer wieder bewundert ein jeder, der Dresden kennenlernt, die herrlichen Stadtbilder.
Noch heute nimmt uns die Stadtbaukunst wie die Architektur des 18. Jahrhunderts, die das Gepräge unserer Altstadt und noch mehr das der Neustadt bestimmt, in ihren Bann.
Schauen wir in die Schloßstraße hinein, so grüßt uns hier der elegante Turm der Katholischen Hofkirche, über die Nordwand schaut die Laterne der Frauenkirche herein.
Die mächtige steinerne Kuppel, das großartige Meisterwerk des genialen George Bähr, führt uns. Auf dem Neumarkte umfängt uns die bedeutsame Dresdner Barockkunst des 18. Jahrhunderts, die Luft einer echt künstlerischen Zeit."

Helga Schütz *(geb. 1937)*

Ein Turm aus Tellerminen

„Emma war stolz, daß die Riesenkuppel, nicht wie damals von Neidern und Statikern geraten, aus Holz, sondern aus Stein gefügt worden war und bis zum heutigen Tage gehalten hatte und in Ewigkeit die Stadtsilhouette bestimmen würde. Wir gingen durchs D-Portal. Daß ich in solche Räume eintreten durfte, das machte mir das Herz weit, und es machte mich einsam, denn ich spürte, wie mich das Problem mit der Festigkeit nichts anging, gar nichts. Ich wußte genau, es war ein Wunder.
Schätze, wie hoch! Ich schaute gehorsam hinauf in die Kuppel. Wir zuckten die Achseln. Erst ich, dann Emma. Bevor wir hinaus in den Winter traten, ließ ich ihre Hand los. Das Gesetzl wollte ich sprechen, die Hände falten. Das hatte ich unter dem schlesischen Strohdach gelernt. Ein Mitbringsel. Meine Verbindlichkeit. Laß dich nur nicht nichts trauen."

Edgar Roschig (k.A.)

Als die Frauenkirche versank

„Der 15. Februar 1945: Gegen Mittag TN - Einsatzberatung am Türkenbrunnen auf dem Neumarkt, wo in den kleinen Gassen noch alles brannte und qualmte. Der Einsatz begann mit Unterstützung durch Polizei und Volkssturm. Doch viele Keller waren wegen der Gluthitze nicht begehbar.
Plötzlich stehe ich mit meinen Kameraden Helmut Kaule und Georg Veit allein auf weiter Flur. Weitflächig niemand zu sehen; der Neumarkt ist abgeriegelt. Dann geschieht es. Ein furchterregender Knall, eine ungeheure Druckwelle, der ganze Neumarkt in eine Staubwolke gehüllt, wir werfen uns auf den Boden und erleben, von Furcht gebannt, den Untergang der Frauenkirche. Ihre Kuppel versinkt senkrecht. »Wie eine Taucherglocke!«, schießt es mir durch den Kopf."

Hermann Weinert *(1881 - 1954)*

Das Ende der Frauenkirche

„Nach Einschalten der elektrischen Notbeleuchtung jagten wir zum Wasserhydranten unter dem Altarkeller. Acht Doppelanschlüsse waren dazu bestimmt, jeden Brand im Kircheninneren zu ersticken. Der Wasserdruck war so stark, daß es bei den Übungen immer spielend gelang, die vier Seitentürme der Kuppel mit Wassermassen zu überschütten. Welch ein Schreck, als sich nach dem Niedergehen der Sprengbomben herausstellte, daß jede Wasserzufuhr abgeschnitten war. Die Schutzmannschaft wurde mit Handspritzen, Eimern, Spitzhacken usw. versehen.
Eine am Neumarkt niedergehende Bombe erschütterte das Kirchengebäude derartig, daß die über sieben Zentner schwere Sandsteinflammenvase des Glockenturmes C abstürzte. Wir Luftschutzleute, in 6 Meter Kellertiefe, wurden vom Luftdruck so auf die Kellersohle geworfen, daß wir erst nach einigen Minuten mit durchgeschlagenen Ellbogen mühsam aufstehen konnten."

Jens Wonneberger *(geb. 1960)*

Frauenkirche

„Und Gott schuf den Menschen ihm zum
Bilde, zum Bilde Gottes schuf er ihn.
Und sie schufen ihn zu ehren und seine Boten im
Bilde den Bau, schlugen in den Stein das Bild ihrer
Selbst nach dem Willen des Schöpfers und Herrn.
Da aber der Herr sah, daß des Menschen Bosheit
groß war auf Erden und alles Dichten und Trachten
ihres Herzens nur böse war immerdar,
da schickten sie selbst sich zu vernichten den Tod
vom Himmel mit Dröhnen und Krachen und setzten
den Baum, dem gaben sie den Namen seines
Sohnes, auf daß der Fluch nicht verfehle sein Ziel.
Als sie das hörten, erschraken sie, zitterten und
fielen auf ihr Angesicht zur Erde.
Und waren gefallene Engel mit zerschlagenem
Gesicht.“

Erhardt Kästner *(1904 - 1974)*

Augsburg, 22.06.1947

„Liebste Elisabeth,
ich komme soeben von der Dresdner Reise zurück.
Die Menschen sprechen unaufhörlich von jenem 13. Februar.
So auch von der Frauenkirche, die der schlimmste und größte Verlust ist.
Auf dem Schuttberg liegt einer der Giebel fast ganz erhalten, aber umgekehrt, mit der Spitze nach unten.
Zwischen den beiden Riffen blickt man hindurch, und es erscheint wie zum Hohn die scheußliche Karikatur der Frauenkirchenkuppel, die gläserne Kuppel der Akademie, auf der Brühlschen Terrasse, die sogenannte Zitronenpresse, mit dem goldenen, sentimentalen Engel zuoberst, tadellos erhalten. Man sieht auch auf einen Giebel der Akademie selber und liest, immer im selben Blick über die Frauenkirchen-Trümmer hinweg eine Aufschrift, die man früher nie sah, in scheußlicher Bahnhofsantiqua: Dem Vaterland zu Ehr und Zier."

Ortrud Reichel (k.A.)

1947 erhielt Ortrud Reichel den nachfolgenden Brief aus Dresden

„Die Frauenkirche - jetzt stehst du davor und es sind nur noch zwei ragende Klippen, hier eine und drüben die andere. Und der Schuttberg dazwischen ist zehn Meter hoch: Das ist alles. Ein ganzer Fassadenteil samt dem prachtvoll geschwungenen Giebelstück ist im Sturze erhalten geblieben, Stein bei Stein, aber weiß Gott wie es kam: Es liegt nun verkehrt, köpflings auf der schrägen Schutthalde, die Spitze nach unten vor deinen Füßen, wie im Sturz der Verdammten. Du schaust hinauf und die Tränen kommen dir nicht. Wenn du durch Dresden gehst, weinst du nicht und das Herz blutet dir nicht, denn es wird dir zu Stein in der Brust."

MARTIN LUTHER

Frank C. Kempe *(geb. 1948)*

Immer waren Ruinen auf den Bildern

„In der Friedrich-Engels-Straße war ich oft, dort war die Kunsthandlung meines Vaters.
Der Anblick von Ruinen war in meinen Kinderjahren immer etwas selbstverständliches.
Wenn wir fotografiert wurden oder als Kinder Bilder gemalt haben - immer waren Ruinen drauf."

Martin Walser *(geb. 1927)*

Verteidigung der Kindheit

„George Weiler sah man in jeder Pause mit einer Studentin plaudern. Und wie! Und nicht immer mit derselben! Er handhabte solche Pausen-Konversationen wie ein Musiker sein Instrument. Er war sicher ein Virtuose auf diesem Gebiet. Weilers Name war ihm einmal auf einer Liste aufgefallen, des Vornamens wegen. Der Vorname des Meisters der Dresdner Frauenkirche. Die Frauenkirche war seine Kirche schlechthin. Seine Mutter war in der Frauenkirche getauft worden. Die ältere Schwester der Mutter auch. Jetzt waren von seiner Kirche nur noch Mauerwerksstümpfe und ein Haufen Steine übrig.
Die zwei Frauenkirchenstümpfe und der Trümmerhaufen zwischen ihnen sind schon alles, was ein Caspar David Friedrich gebraucht hätte.“

Conrad Felixmüller *(1897 - 1977)*

Geboren in Dresden - ein großes Glück!

„Ich kannte diese Stadt sehr gut - aber ich kannte sie nicht wieder! Reste von markanten Gebäuden wohl, aber ganze Stadtteile waren zerstampft, unkenntlich von Trümmern bedeckt, so daß ich nicht die Serrestraße und keine Ofenhandlung fand. Weit und breit kein Mensch zu sehen - allein stieg ich in den Trümmern umher. Nur weiter im Zentrum der Stadt wuchteten Männer, Frauen, Kinder, schaufelten, hackten, luden mit den Händen, selten Schaufeln, Trümmer in Karren, die von Händen gezerrt, geschoben, irgendwo weiter zu riesigen Haufen aufgetürmt wurden. Alles geschah stumm, wie vor Schmerz in diesem unendlichen Chaos. Diese schuftenden Menschen, aus Kellern unter Feuer, Qualm und Trümmern gekrochen, dem Bombentod entronnen - schufen unter Entbehrungen und Nöten der Nachkriegsjahre eine neue Stadt, ein neues Dresden."

Heinz Czechowski *(geb. 1935)*

Auf eine im Feuer versunkene Stadt

„Nur um die Ruine der Frauenkirche herrscht noch Kahlschlag. Rampische Gasse und Salzgasse: Keine Barockfassaden mehr, Birken und Steinbrech im Hof des Coselschen Palais. Rotweiß gestrichene Eisengeländer um die Ruine der Frauenkirche: Betreten verboten! Einsturzgefahr! Eltern haften für ihre Kinder!

Wir aber wenden uns ab, gehen am Fürstenzug vorbei, besteigen die 7 in Richtung Platz der Einheit und fahren schließlich mit der 6 zurück zum Wilden Mann.
Die Elbe durchfließt das Tal in sanftem Bogen. Die Straßen haben ihre Laternen angezündet. Perlenketten, wenn dieses Bild noch einmal gestattet ist. Rathausturm und Hofkirche werden von Scheinwerfern angestrahlt. Von der Kuppel der Frauenkirche ist nichts zu sehen, so als habe es sie nie gegeben."

Anna Kirsten (*geb. 1966*)

Tagebuch 13.02.1986

„Dresden. Meine Heimatstadt. Es ist wieder das magische Datum des 13. Februar herangerückt. Wie jedes Jahr verabreden wir uns zum Treff in der Schloßstraße. Die meisten von uns haben Kerzen in den Taschen. An der Ruine angekommen, stellen wir die Kerzen zu den bereits brennenden auf die Trümmerreste. Es ist furchtbar kalt und ein großes Schweigen liegt auf diesem gespenstischen Platz mitten im Herzen der Stadt."

Heinz Knobloch *(1926 - 2003)*

„Eierschecke" Dresdner Kindheit

„Damit wären wir bei der Frauenkirche, deren Wiederaufbau beschlossen worden ist, was seine Zeit dauern wird, denn das Geld fehlt.
Da hat der fürchterliche Zweite Weltkrieg dem Deutschland, das ihn angefangen hat, ein Denkmal beschert, das seinesgleichen sucht.
Dresdens schönste Kirche als Trümmerhaufen.
Als ob der liebe Gott damit gemeint hätte: Seht ihr, das kommt davon! Und: Laßt es sein! So war sie Mahnung.
Bliebe die Ruine, könnten die Lebenden eine gewisse Scheu bekommen vor einem Krieg. So könnte ihr Haus aussehen, ihre Kinder erstickt unter den Trümmern."

G60
G62
hS
G60

Fritz Löffler *(1899 - 1988)*

Für den Weiterbestand der Kuppel

„200 Jahre hat die Kuppel standgehalten, bis es sich als notwendig erwies, sie mit technischen Hilfsmitteln zu festigen. Am Morgen des 15. Februar 1945 überragte sie noch tröstlich das Feuerchaos der Stadt. Mittags sank sie, im Innern ausgebrannt, in sich zusammen.
Arno Kiesling hat bei der letzten Sanierung genaue Aufmaße hergestellt, die erlauben, jeden Stein wieder an den rechten Platz zu rücken. Es wird Aufgabe der Zukunft sein, das über der Stadt schwebende Kuppelwunder, das als Wahrzeichen der Stadt des Barock die Silhouette beherrschte, in seinem Äußeren wiederherzustellen. Bis dahin dient sie als Gedenkstätte an die Schrecken des Februar 1945."

Jürgen Paul (geb. 1935)

Der Wiederaufbau der Frauenkirche - Kritik und Rechtfertigung

„Es gibt keine philosophische oder moralische Instanz, die den Wiederaufbau eines historischen Bauwerks, so er gewünscht wird und möglich ist, verbieten könnte. Das ändert nichts an der Tatsache, daß Rekonstruktionen zerstörter oder verlorener historischer Bauwerke reproduktiv, und daher kulturell problematisch sind. Es muß eine Rechtfertigung für sie in jedem Einzelfall geben. Auch für den Wiederaufbau der Frauenkirche gibt es sie: es ist die besondere kulturelle Bedeutung des Bauwerks, sein hoher künstlerischer und historischer Rang, seine ästhetische Bedeutung für das Stadtbild und das Elbpanorama als Gesamtkunstwerk und nicht zuletzt die symbolische, emotionale Bedeutung für das Schicksal und die Zukunft Dresdens."

Georg Alisch *(geb. 1936)*

Auferstehung

„Wir leben jetzt mit einer neuen Silhouette. Gleich ob man den samstäglichen Picknickkorb über die Wiesen im Großen Garten trägt, am Wilden Mann die stillen Straßen entlangschlendert, am Weißen Hirsch oder von den Coschützer Höhen ins Tal blickt.
Aus allen Himmelsrichtungen ist nun die Kuppel der Frauenkirche zu entdecken. Freundlich schwebt sie über Dresden, in der Sonne glänzend greift das Kuppelkreuz ins Himmelblau. Wie dunkler Samt schimmern die alten Steine zwischen dem hellen Sandstein, welcher erst vor Kurzem aus den Steinbrüchen bei Pirna geholt wurde. Deutlich voneinander abgesetzt, erinnern die schwarzen und weißen Fassadensteine an die dunklen und hellen Zeiten der Frauenkirche zu Dresden."

Chronik der Frauenkirche

1289	Erste urkundliche Bezeichnung als „Frauenkirche“
1723	Planung und Kostenvoranschlag für Neubau der Frauenkirche durch George Bähr
1726	Feierliche Grundsteinlegung am 26.08.1726
1727	Abbruch der Vorgängerkirche, Planung der Steinkuppel
1733	Beschluss zum Altarbild ***Christi am Ölberg*** von Johann Christian Feige
1734	Erster Gottesdienst in der Kirche am 28.02.1734
1736	Johann Sebastian Bach spielt auf der gerade geweihten Silbermann-Orgel
1738	Tod George Bährs, Beisetzung auf dem Johannisfriedhof am 20.03.1738
1743	Aufsetzen des Turmkreuzes auf die Außenkuppel am 27.05.1743
1760	Siebenjähriger Krieg: Frauenkirche widersteht der Bombardierung
1768	Johann Wolfgang von Goethe besichtigt die Frauenkirche
1843	Uraufführung von Richard Wagners „Das Liebesmahl der Apostel“ in der Kirche
1859	Überführung von Urne und Grabmahl George Bährs in die Katakomben
1868	Renovierung des gesamten Innenraumes, danach Kuppelreparatur
1938	Schließung der Kirche wegen Baufälligkeit

1942	Weihegottesdienst nach Generalsanierung
1945	Bombardement Dresdens durch die Alliierten in den Nächten des 13. und 14. Februars, Einsturz der ausgebrannten Frauenkirche am 15. Februar 1945
1952	Schutzummauerung für den Altar
1966	Beschluß vom Rat der Stadt, die Trümmer als Mahnmal zu erhalten, 05.05.1966
1990	„Ruf aus Dresden“ zum Wiederaufbau der Frauenkirche, Gründung der Gesellschaft zur Förderung des Wiederaufbaus
1991	Gründung der Stiftung Frauenkirche e.V. als Bauherr
1993	Beginn der Enttrümmerung
1994	Symbolische Grundsteinlegung zum Wiederaufbau am 27.05.1994
2000	Übergabe des Dresden Trust - Kuppelkreuzes durch Prinz Edward, Herzog von Kent
2001	Schließung der Inneren Kuppel
2004	Bekrönung der Außenkuppel mit dem Kuppelkreuz am 22.06.2004
2005	Offizielle Wiedereinweihung am 31.10.2005

Autorenverzeichnis

Alisch, Georg	geb. 1936
Bähr, George	1666 - 1738
Bechstein, Ludwig	1801 - 1860
Burney, Charles	1726 - 1814
Carus, Carl Gustav	1789 - 1869
Chodowiecki, Daniel	1726 - 1801
Czechowski, Heinz	geb. 1935
Felixmüller, Conrad	1897 - 1977
Friedrich, Casper David	1774 - 1840
Goethe, Johann Wolfgang von	1749 - 1832
Justi, Carl	1832 - 1912
Kalenter, Ossip	1900 - 1976
Kästner, Erhardt	1904 - 1974
Kästner, Erich	1899 - 1974
Kempe, Frank	geb. 1948
Kirsten, Anna	geb. 1966
Knobloch, Heinz	1926 - 2003
Koppel Ellfeld, Franz	1840 - 1920
Körner, Theodor	1791 - 1813
Krause, Karl Christian Friedrich	1781 - 1832
Löffler, Fritz	1899 - 1988
Meynert, Hermann	1808 - 1895
Paul, Jürgen	geb. 1935
Reichel, Ortrud	k.A.
Röckel, August	1814 - 1876
Roschig, Edgar	k.A.
Rühle von Lilienstein, Otto	1780 - 1847
Scherzlieb, Ernst	1796 - 1863
Schinkel, Karl Friedrich	1781 - 1841
Schlegel, August Wilhelm	1772 - 1829
Schlegel, Caroline	1763 - 1809
Schröder, Rudolf Alexander	1878 - 1962
Schumann, Paul	k.A.
Schütz, Helga	geb. 1937
Voß, Carl von	1778 - 1856
Walser, Martin	geb. 1927
Weinart, Gottfried	1751 - 1795
Weinert, Hermann	1881 - 1954
Wonneberger, Jens	geb. 1960

Abbildungsverzeichnis

25 Bähr, George, 1666-1738: Frauenkirche, Entwurf zum Aufriß der Südseite, Feder, 65,4x54,7cm, 1726, Stadtarchiv Dresden, R18, Aufn. A. Rous, **,***

27 Bässler, W., gest. 1853: Dresden Augustusbrücke mit Blick auf die Altstadt um 1841, Lithographie, Dresden, ehem. Heimatkundliches Schulmuseum, Aufn. 1936, **

29 Dresden, Frauenkirche, Innenansicht der Kuppel mit Gemälde von J.B. Grone, Aufn. W. Möbius, 1933, **

31 Bellotto, Bernardo, gen. Canaletto, 1720-1780: Ansicht von Dresden, Dresden, Gemäldegalerie Alte Meister, Katalog 1908, Nr. 630, Aufn. R. Kramer, *,**

33 Dresden, Neumarkt mit Verkaufsständen, Blick gegen die Frauenkirche von SW, Aufn. Gleisberg, 1928, **

35 Friedrich, Caspar David,1774-1840: Der Abendstern, 1830, Freies Deutsches Hochstift, Frankfurter Goethe-Museum, *****

37 Carus, Carl Gustav, 1789-1869: Kahnfahrt auf der Elbe, Öl/Lw.; 290x210mm, 1827, Düsseldorf Kunstmuseum, Aufn. Rudolph Kramer, **,****

39 Dresden, Altstadt, vom Neustädter Ufer, unterhalb der ehemaligen Augustusbrücke, Winteraufn. Walter Hahn, 1939, **

41 Dresden, Blick vom Belvedere nach SW gegen die Frauenkirche, Aufn. AE.A. Donadini, vor 1892, **

43 Dresden-Altstadt, Neumarkt, von der Laterne der Frauenkirche aus, Aufn. 1930, **

45 Bellotto, Bernardo, gen. Canaletto, 1720-1780: Ansicht von Dresden, Gemäldegalerie Alte Meister, Katalog 1908, Nr. 630, Aufn. R. Kramer, *,**

47 Dresden, Blick vom Turm der Frauenkirche nach Westen auf das Schloß, links: Türme der Sophienkirche, rechts: Katholische Hofkirche, Aufn. W. Möbius, **

49 Dresden, Explosion des Pulverlaboratoriums unter der Jungfernbastei am 22.09.1747, Dresden: SLUB, Aufn. Hofert, 1967, **

51 Dresden, Blick vom Waldschlößchen auf die Stadt, Aufn. W. Hahn, 1938, **

53 Unbekannter Künstler: Blick auf das Japanische Palais nach der Altstadt von der Weisseritzmündung aus, Gemälde, 1830, **

55 Dresden, Blick vom Rathausturm über die König-Johan-Straße nach NW, Aufn. W. Möbius, 1937, **

57 Frauenkirche, Eingang D, Aufn. Hans Strehlow: In „Atem der Steine“, J. Wonneberger, Heinz Schmidt Verlag, Mainz, 1993

59 Dresden, Frauenkirche, von der Rampischen Straße aus gesehen, Aufn. 1950, **

61 Dresden, Frauenkirche, Blick vom ehemaligen Ständehaus, Trümmeraufnahme, Feb. 1951, **

63 Dresden nach der Bombardierung vom 13./14. Februar 1945, Blick vom Denkmal Friedrich Augusts II. gegen die Ruine der Frauenkirche, Aufn. R. Peter sen., **

65 Dresden, Frauenkirche, Ruine, Trümmer eines Treppenturms, Aufn. Walter Möbius, 1947, **

67 Zürner, Klaus, geb.1932: Zwei Denkmale, Öl/Lw.; 101x73cm, 1983, Dresden, Galerie Neue Meister, Aufn. H. Ahlers, *,**

69	Frank Kempe vor der Frauenkirche, 1955
71	Friedrich, Caspar David, 1774-1840: Ruine Eldena mit Begräbnis, Sepia, 15,5x21,9cm, um 1800, Dresden, Kupferstichkabinett, Inv. (1936-35g), Aufn. Hofert, 1965, *,**
73	Dix, Otto, 1891-1969: Die Ruine der Frauenkirche und das Coselsche Palais, 1966, Lithographie, 475x400mm, sign. u. dat. 1966, Dresden, Kupferstichkabinett, Aufn. R. Kramer, 1967, *,**
75	Dresden-Altstadt, Ruine der Frauenkirche mit weidenden Schafen, Aufn. W. Möbius 1957, **
77	Dresden, Martin-Luther Denkmal (1885 enthüllt), von Ernst Rietschel (1804-1861), vor der Ruine der Frauenkirche im Februar 1955 wiederaufgestellt, Aufn. Handrick, 1963,**
79	Dresden Frauenkirche, Trümmerberäumung, Lagerung der inventarisierten Steine in der Salzgasse, Aufn. Walter Möbius, 1948, **
81	Thomas Scheufler, Frauenkirche Dresden, Neumarkt, 2002
83	Fanny Peukert, Kuppel der Frauenkirche Dresden, 2003
85	Michael Kaden, Blick vom Waldschlößchen auf Dresden, 2005

Quellennachweis

Alle Abbildungen mit der freundlichen Genehmigung von:

*	Staatliche Kunstsammlungen Dresden
**	Sächsische Landesbibliothek Dresden (SLUB) / Deutsche Fotothek
***	Stadtarchiv Dresden, Ratsarchiv
****	Kunstmuseum Düsseldorf im Ehrenhof
*****	Freies Deutsches Hochstift, Frankfurter Goethe-Museum

Hans Strehlow, Frank Kempe, Thomas Scheufler, Fanny Peukert, Michael Kaden

Textnachweis:

Georg Alisch © Autor
Heinz Czechowski „Auf eine im Feuer versunkene Stadt" © Autor
Erich Kästner „Die stille Musik" © Atrium Verlag Zürich
Erhart Kästner „Briefe" © Insel Verlag
Jürgen Paul „Die Dresdner Frauenkirche" © Dresdner Hefte, Heft 32, 1992
Helga Schütz „Ein Turm aus Tellerminen" © Autor
Martin Walser „Die Verteidigung der Kindheit" © Suhrkamp Verlag Frank/Main 1991
Jens Wonneberger „Der Atem der Steine" © Autor

Sollten trotz sorgfältiger Nachforschung einzelne Rechteinhaber nicht ermittelt worden sein, bitten wir diese, sich gegebenenfalls an den Verlag zu wenden.

Kontakt

© Fröhlich-Verlag
Saarstraße 5
01189 Dresden
Fon & Fax: 0351 3114539
www.goldmund-hoerbuecher.de